AVIS AUX MÈRES,

OU

LES DEUX FÊTES,

COMÉDIE

EN UN ACTE ET EN VERS,

Par M. Emmanuel DUPATY.

Représentée sur le Théâtre-Français le 14 janvier 1813, et au palais des Tuileries, devant LL. MM. II., le 18 du même mois.

Prix : 1 fr. 50 c.

À PARIS,

Chez BARBA, libraire, Palais-Royal, derrière le Théâtre-Français, n° 51.

IMPRIMERIE DE CHAIGNIEAU AÎNÉ.

1813.

PERSONNAGES.	ACTEURS.
MÉRICOUR.	M. FLEURY.
Mme DE MIRVAL, amie de Mme Derbon.	Mlle LEVERD.
ARMAND, son fils.	M. ARMAND.
FRONTIN, valet d'Armand.	M. THÉNARD.
Mme DERBON, amie de Mme de Mirval.	Mlle MÉZERAI.
JULIE, sa fille.	Mlle MARS.
MARTON, suivante de Mme Derbon.	Mlle E. CONTAT.
BIENVENU, huissier.	M. BAPTISTE cad.
DOMESTIQUES.	

La scène est a Paris.

AVIS AUX MÈRES,

OU

LES DEUX FÊTES.

COMÉDIE.

Le théâtre représente un salon commun, portes à droite et à gauche, des glaces, deux tables, etc.

SCÈNE PREMIÈRE.

FRONTIN, *seul, sortant de l'appartement à gauche.*

Qu'une maison rangée est un triste séjour .....
Quand l'intrigue, le jeu, les plaisirs et l'amour
N'y viennent point loger, pour nous plus rien à faire !
En bonne compagnie, on ne s'enrichit guère,
J'en puis servir d'exemple ; et morbleu ! dans les lieux
Où règne la vertu, tous les valets sont gueux ;
Aussi je deviens maigre, et sans notre voisine,
La piquante Marton, dont l'œillade assassine
M'ensorcelle ; ma foi, pour l'agrément que j'ai
Dans cette maison-ci, j'aurais pris mon congé
Depuis plus de six mois !

        (*Se tournant vers l'appartement à droite.*)

Ah! Marton, que j'envie
Ta façon d'exister! Quel doux genre de vie
Vous menez là dedans! On va rire chez vous;
En cercle gravement on vient bâiller chez nous.
Chez vous, c'est à minuit que le plaisir commence;
Chez nous, minuit sonné, tout repose en silence;
Et dans le même hôtel on croirait voir enfin,
A gauche le Marais, là le quartier d'Antin!
Moi, je loge au Marais, dont j'enrage!....

SCÈNE II.

MARTON, FRONTIN.

FRONTIN, *apercevant Marton.*

Eh! ma reine,
Viens donc me consoler; je racontais ma peine
Aux murs de ce salon!

MARTON.

Eh bien! esprit subtil,
A quel point aujourd'hui ton phénix en est-il?

FRONTIN.

Le jeune Armand, mon maître? Oh! c'est un homme rare,
Que nul vice n'atteint, que nul travers n'égare;
Il surpasse en raison les gens les plus rangés;
Soumis comme un enfant à de vieux préjugés
Il ne fait cas, dit-il, que d'une pure flamme,
Et menace déjà de n'aimer..... que sa femme!

MARTON.

Cependant tu le sers.

FRONTIN.
Eh oui!...

MARTON.

De tes avis

Tu daignes l'honorer !

FRONTIN.

S'il les avait suivis ,
Crois-tu donc qu'il serait encore aussi sévère ?
La faute en appartient....

MARTON.

A qui donc ?

FRONTIN.

A sa mère !
Je te l'ai déjà dit : belle et sage à la fois,
Dans un âge où toute autre eût fait un second choix,
Pour augmenter d'Armand le brillant héritage ,
Madame de Mirval resta dans le veuvage ;
Cultiva de ce fils les vertueux penchans ,
Et près de lui n'admit que des honnêtes gens.
Tu m'y vois par hasard, et l'an passé, ma chère.....

MARTON.

On te prit, je le sais, ne te connaissant guère.

FRONTIN.

Moi, j'y vins comme un sot ! Dès le premier abord,
Madame paraissant aimable et jeune encor ,
Je crus trouver chez elle un ménage moderne ,
Une de ces maisons que la mode gouverne,
Où j'allais être, ainsi que l'ordre le voulait.
Le mentor de mon maître autant que son valet.
Point du tout ! Soit fierté, soit excès de prudence,
Il ne m'a jamais fait la moindre confidence ;
A garder l'antichambre on prétend m'asservir,
Et je ne suis laquais ici que pour servir !
En un mot, dans ces lieux où l'ancien ton réside,
Où je suis.... presqu'honnête, où la raison préside,
Nul travers à ses yeux ne s'est encore offert !

MARTON.

Son éducation doit en avoir souffert.

FRONTIN.

Au point que j'y renonce! Et toi, ta demoiselle?

MARTON.

Mademoiselle est mieux! coquette autant que belle,
Des cercles de madame elle a déjà le ton,
De l'esprit, du babil, et fort peu de raison.
Une fille aisément se forme sur sa mère;
Et la sienne, autrefois, vive, aimable et légère,
Au grand monde, à l'éclat, donnant tous ses loisirs,
N'a depuis qu'elle est veuve aimé que les plaisirs.
Du besoin de briller sans cesse dévorée,
De mille adorateurs chaque jour entourée,
En femme adroite et sage, elle eut d'abord le soin
D'éloigner dans sa fille un indiscret témoin.
Dans un pensionnat la danse, la toilette,
Le roman défendu qui circule en cachette,
L'étude, les beaux-arts, la dissipation
Développent si bien l'imagination,
Qu'une fille en ce lieu, dès l'enfance enfermée,
Pour la coquetterie en sort toute formée.
Mademoiselle ainsi vient de nous arriver.
Le monde où nous vivons doit bientôt achever
Une éducation aussi bien commencée.
Trois mois d'un tel séjour, et la voilà lancée!

FRONTIN.

Le bon exemple agit toujours si promptement!
Mais comment expliquer l'étrange attachement
Qui depuis si long-temps subsiste entre deux mères
De principes, de mœurs et de goûts si contraires?

MARTON.

Assez jeunes encore, en perdant leurs maris,
Qui s'aimaient tendrement, toutes les deux ont pris

Sans cesser de se voir, des routes différentes.
Dans leurs premiers liens toutes deux sont constantes,
Et demeurent encor dans la même maison ;
Mais ce qui cimenta surtout leur liaison,
C'est, malgré ses vertus, l'admirable indulgence
De madame Mirval !

FRONTIN.

Oui !.. Quant à toi, je pense,
De Julie avec art tu presses les progrès.

MARTON, *mystérieusement.*

Peux-tu le demander ?.. A nos maîtres jamais
Nous ne devons prêcher une conduite austère :
Ils sont peu généreux quand ils n'ont rien à taire.
Ce n'est que de leurs torts qu'on peut se prévaloir ;
Leurs travers sont un fonds que nous faisons valoir !
Les querelles qu'on voit troubler tant de ménages
Nous valent, dans Paris, plus d'argent que nos gages ;
Sur chaque intrigue on sait, pour peu qu'on soit adroit,
Prélever une taxe et percevoir un droit.
Si madame redoute une langue indiscrette,
Elle a de sûrs moyens pour la rendre muette ;
Si monsieur un peu tard ou de trop grand matin,
Court former sans contrat quelque nœud clandestin,
Pour me fermer les yeux il déliera sa bourse :
Chaque vice, envers nous, d'un bienfait est la source.
Tandis que chez un maître, homme d'honneur, de bien,
Les plus belles vertus ne nous rapportent rien.
Détruis donc chez Armand cette rare prudence
Qui jusqu'ici l'a mis hors de ta dépendance !
On flatte ses défauts !....

FRONTIN.

Je t'en ai fait l'aveu ;
Mon maître n'en a point.

MARTON.

                    Tu le fréquentes peu ;
Je l'avais oublié !

FRONTIN.

            Mais attends donc, ma chère,
Je crois qu'il en possède un bien grand au contraire.

MARTON.

Lequel ?

FRONTIN.

        Le plus commun.

MARTON.

                    Achève donc !

FRONTIN.

                            Celui
Que mille honnêtes gens partagent avec lui :
C'est qu'il n'a pas d'argent !

MARTON, *vivement.*

                    Aurait-il quelque dette ?

FRONTIN.

Eh non ! Mais en revanche, à gauche, à droite il prête ;
Son bon cœur l'a rendu banquier de ses amis ;
Ils l'ont, de mois en mois, de jour en jour remis,
Et pourtant son argent lui devient nécessaire !

MARTON.

Et dans un tel moment tu ne vois rien à faire,
Toi, qui fus pour le bien toujours alerte, actif ?
Toi, qui toujours en main as quelqu'honnête juif ?
Un maître sans argent, pour un valet habile,
Est un trésor !..

FRONTIN.

            Combien de valets par la ville
Devraient !.... Paix ! Je te dois une inspiration !

MARTON.

Ce que c'est cependant que l'émulation !

FRONTIN.

Puisque d'un défaut même il n'a pas l'apparence,
Je veux, sur ses vertus fondant mon espérance,
Le forcer d'emprunter par amour filial !

MARTON.

Et comment ?

FRONTIN.

Ta maîtresse et madame Mirval
Se nomment Émilie ; aujourd'hui c'est leur fête ;
Pour ce grand jour tu sens que notre Armand s'apprête !
Voulant faire à sa mère un superbe présent,
Il écrit aux amis qui gardent son argent !
Pour porter ces billets il faudra que je sorte ;
Dans un moment....

MARTON.

Eh bien ?

FRONTIN.

Je m'arrange de sorte
Que chaque débiteur dès le matin parti !....

MARTON.

C'est juste, quand on doit on est toujours sorti !

FRONTIN.

Je fais alors si bien, que pour fêter sa mère
J'impute, à vertu même, un emprunt usuraire.
Ce premier pas franchi nous ouvre les chemins ;
Puis viendront les emprunts pour les plaisirs mondains.
Entre le créancier, l'emprunteur, je me place :
L'or passant par mes mains y laissera sa trace !
Sur cet essai déjà je puis agioter,
Emprunter l'or à tant, à tant le lui prêter.

MARTON.

Fort bien !

FRONTIN.

Mais il me faut, pour emprunter moi même,

Quelque nantissement. Tu m'adores, je t'aime,
Unissons nos trésors !... Tu sais que je n'ai rien !

MARTON, *lui présentant une bague.*

Ce brillant....

FRONTIN.

La belle eau !... Je le prends !

MARTON.

Et combien
Sur l'amour filial, en cette circonstance,
Peut-on gagner ?

FRONTIN.

Un tiers.... ou deux, en conscience !

MARTON.

Tu n'es, ma foi, coquin, ni voleur à demi !

FRONTIN, *mettant la bague à son doigt.*

Je suis pour toi, te dis-je, un excellent parti !

MARTON.

Tes richesses pourtant....

FRONTIN.

Ne sont pas apparentes,
Mais un maître à former vaut les meilleures rentes !
Tu verras ce qu'on gagne à m'être associé.

MARTON.

Adieu, double fripon !

FRONTIN.

Adieu donc, ma moitié !

(*Il sort.*)

MARTON *seul.*

Sa moitié !... je balance !... aujourd'hui l'on est guères
Plus loyal en amour qu'on ne l'est en affaires !
Mais j'aperçois Julie !...

SCÈNE III.

MARTON, JULIE.

JULIE, *accourant*.

Ah ! Marton , quel beau jour !
Nous allons donc ici célébrer tour–à–tour,
Madame de Mirval et ma mère !

MARTON.

A merveille !

JULIE.

On n'aura vu jamais une fête pareille ;
En faire deux ensemble ! Il faut doubles bouquets !
Monsieur de Méricour nous fera des couplets ;
Les amis de maman sont tous priés d'avance ;
Leurs amis avec eux viendront aussi, je pense.
Que de monde ! Où sont donc mes chapeaux ? Ah ! Marton,
Quel plaisir , quand on entre au milieu d'un salon,
De se voir aussitôt par la foule entourée !
D'entendre à ses côtés : « Comme elle est bien parée !
« Quels traits piquans ! » De moi, lorsque l'on dit du bien,
Quoique l'on parle bas, je n'en perds jamais rien.
Le mot qu'on entend mieux, c'est : « Ah ! quelle est jolie ! »
Comment me trouves–tu de la sorte ?

MARTON.

Accomplie !

JULIE.

Regarde-moi marcher avec attention !
Ai-je l'air d'un enfant qui sort de pension ?
Mais c'est ma mère aussi qui me sert de modèle !
Qu'il me tarde de plaire et de briller comme elle !

A ses petits soupers nous voyons tout Paris !
Les jours de bal, surtout, combien elle a d'amis !
Même il en vient dîner qu'elle ne connaît guère :
Vraiment, c'est étonnant comme on aime ma mère !

MARTON.

C'est que toujours du goût elle observa les lois.

JULIE.

Je ne mettrai jamais une robe deux fois !

MARTON.

C'est qu'on ne lui voit pas épargner la dépense !

JULIE.

Comme elle sur ce point il faut bien que je pense !

MARTON.

C'est qu'elle suit la mode !

JULIE.

On doit s'y conformer !
Cependant croirais-tu qu'on ose la blâmer ?

MARTON.

Qui ? de tristes pédans ou des parens bizarres,
Des prudes en retraite et des maris avares.

JULIE.

Non ; monsieur Méricour....

MARTON.

Lui ? ce frondeur quinteux,
Ce mondain raisonnable, ennemi de nos jeux,
Tuteur du jeune Armand, vieil ami de sa mère,
Qui nous poursuit partout de sa censure amère,
Prêche dans les salons, sermone dans un bal,
Et fréquente le monde en en disant du mal ?

JULIE.

Eh ! oui, Marton, lui-même. On le dit estimable ;
Mais de juger nos goûts un homme est-il capable ?
Il paraît bon pourtant ! A propos, hier soir

Nos deux mères causaient tout bas dans le boudoir ;
J'approche , on arrangeait.....

MARTON.

Eh bien ?

JULIE.

Mon mariage !

MARTON.

Avec qui donc ?

JULIE.

Devine !...

MARTON.

Avec Armand, je gage !

JULIE.

Oui !... Plus avant alors je n'ose pénétrer !

MARTON.

Et vous vous en allez ?

JULIE.

Non pas, au lieu d'entrer ,
J'écoute !... Oh ! j'ai su là des choses singulières !
Cet hymen fut jadis projeté par nos pères.
Comme ils s'aimaient, Marton , j'en ai manqué pleurer !
A peine , en écoutant, je pouvais respirer !
Maman pressait surtout pour que ce mariage
Se fit dès ce jour même , et sur l'heureux présage
Qu'offre une double fète à bon droit se fondait ;
Mais madame Mirval à maman répondait :
« J'ai peu vu votre fille ; il faut que j'étudie
« D'abord son caractère ; enfin , avec Julie
« J'ai besoin de causer ! » Moi, comme tu sens b.en,
Je dois tout espérer d'un si doux entretien.

MARTON.

Vous aimez donc Armand ?

JULIE.

Beaucoup ! Lorsque sa mère

L'amenait pour me voir, chaque pensionnaire
Au parloir accourait, lui lançait un regard
Ou l'observait de loin; vîte, après son départ,
On tenait grand conseil. Toutes ces demoiselles
M'en ont fait compliment; il fera, disent-elles,
Tout ce que je voudrai!

MARTON.

C'est un point important!

JULIE.

Il m'obéit déjà!

MARTON.

C'est un mari charmant!

JULIE.

Il n'a pas même hier de toute la soirée
Montré trop de raison!

MARTON.

Vous êtes adorée!

JULIE.

Oui!

MARTON.

Pourtant il vous gronde!

JULIE.

Oh! je sais bien pourquoi:

On ne veut voir parfait que ce qu'on veut pour soi!
Il m'aime donc!... Ainsi que je plaise à sa mère,
Et cet heureux hymen sur-le-champ va se faire....
Madame de Mirval s'approche justement!....

MARTON.

Tâchez de vous montrer ....

JULIE.

Tout naturellement.

MARTON.

Elle est sévère un peu, prenez garde!

JULIE.

Pour plaire;
Que me faut-il? Tu sais ce qu'on dit chez ma mère!
Sors et va pour ce soir tout régler à ton choix.

MARTON, *à part et sortant.*

J'aurai gagné ma dot avant la fin du mois!

(*Elle rentre chez madame Derbon.*)

SCENE IV.

Madame DE MIRVAL, JULIE.

Madame DE MIRVAL, *à part.*

Avant de prononcer je veux la mieux connaître!

JULIE, *à part et s'ajustant.*

Sous un jour favorable essayons de paraître.

Madame DE MIRVAL.

Bonjour, ma chère enfant.

JULIE, *respectueusement.*

Madame....

Madame DE MIRVAL, *s'approchant.*

Qu'il m'est doux
De me rencontrer seule un moment avec vous!
Voyez donc! comme elle est déjà grande et jolie!

JULIE, *à part.*

Marton, qui la disait sévère....

Madame DE MIRVAL.

Eh bien, Julie,
Vous avez donc enfin quitté la pension?
Vous la regrettez peu, je pense?

JULIE, *etourdiment.*

Oh! mon Dieu, non!

Madame DE MIRVAL.

Le grand monde, en effet, doit mieux plaire à votre ame!
Faite pour y briller....

JULIE.

Oh! c'est bien vrai, madame!
Ici, mille plaisirs m'enivrent tour-à-tour.
On me mène partout; je veille jusqu'au jour;
Dans un monde nouveau je me crois transportée;
Vous m'en voyez encore éblouie, enchantée!
D'ailleurs, en pension, j'étais loin de maman,
Tandis qu'ici je puis la voir à tout moment;
Et comment n'aimer pas un séjour où j'espère
Commencer tous les jours par embrasser ma mère!

Madame DE MIRVAL.

Fort bien!.... mais il y faut un rang.

JULIE, *à part.*

Nous y voilà.

Madame DE MIRVAL.

Et que penseriez-vous de l'hymen

JULIE, *à part.*

C'est cela!

Madame DE MIRVAL.

Pourquoi trembler? Parlez....

JULIE, *à part.*

Sa bonté m'encourage.
Mais.... on n'en pense pas trop de mal à mon âge!

Madame DE MIRVAL.

Alors qu'il est fondé sur un pur sentiment....

JULIE, *s'abandonnant par degré.*

Oh! ce doit être un nœud divin!.... En le formant
On devient sa maîtresse, on fait ce qu'on désire;

Personne à tout moment ne vient vous contredire;
On sort quand on le veut. C'est charmant! je voudrais
Me voir, à l'heureux près, où j'irais, je viendrais
A mon gré, sans obstacle, où mon ame enivrée,
D'études et de soins se verrait délivrée;
Où je pourrais, enfin, par l'essor le plus doux,
Donner le ton, la mode et suivre tous mes goûts.

Madame DE MIRVAL, *surprise.*

Est-ce le seul bonheur que l'hymen vous promette?

JULIE.

Il en promet beaucoup ! les cercles, la toilette.....
On parlera de moi comme on fait de maman!....
Qu'une femme est heureuse à Paris!

Madame DE MIVAL.

C'est charmant!
Et de votre mari par-là croyez-vous faire
Le bonheur!....

JULIE.

Pourquoi pas? Il sera, je l'espère,
Très-heureux avec moi!.... J'ai beaucoup de raison;
Je fais déjà très-bien les honneurs d'un salon;
Puis je l'aimerai tant.... Jamais d'une seconde
Je ne le quitterai.... Dans les bals, dans le monde,
Au spectacle, avec lui, partout on me verra.
Je vivrai pour lui seul. Tout ce qui lui plaira....
Qu'il ordonne!...Oh! mon Dieu...jeux, parure, équipage
Il n'aura qu'à parler!...

Madame DE MIRVAL.

Mais on n'est pas plus sage !
Et vous vous occupez?

JULIE.

Bien agréablement!
D'abord, il vient ici du monde à tout moment;

2

Je reçois quand ma mère est absente.... A ses fêtes
Pourquoi ne pas venir ?... Bonne comme vous êtes,
Je regrette toujours quand je ne vous vois pas !

Madame DE MIRVAL.

Il n'est point de maison qui n'ait quelque embarras ;
Lorsqu'on veut y veiller soi-même, on ne peut guères...

JULIE.

Faites comme maman : elle a des gens d'affaires,
De très-honnêtes gens qui ne lui laissent rien.....
Rien à faire du tout ! Qui dirigent son bien !
C'est très-commode !...

Madame DE MIRVAL.

Oh ! oui !.. C'est ainsi qu'un ménage...

JULIE.

D'ailleurs elle a Marton !....

Madame DE MIRVAL.

Et sans doute en partage
Vous avez des talens ?....

JULIE.

Oui !... dans ma pension
L'on ne négligeait rien ! Maître d'expression
Pour le chant !.. Bal, concert, des prix !.. la comédie !
Que j'avais de plaisir quand j'étais applaudie !
Comment donc, j'ai joué les coquettes déjà,
Et je fais l'ingénue !... Oh ! vous verrez cela.
Nous apprenions jusqu'à des opéra-comiques !

Madame DE MIRVAL.

Et vous a-t-on appris les vertus domestiques ?

JULIE.

Je brode !

Madame DE MIRVAL.

Mais l'hymen engage à des devoirs.

JULIE.

Oui! l'on voit ses amis, l'on reçoit tous les soirs!

Madame DE MIRVAL.

Vous aimerez sans doute à servir l'indigence?

JULIE.

C'est quand j'ai de l'argent ma première dépense!

Madame DE MIRVAL.

Et déjà votre cœur aurait-il fait un choix?

JULIE.

Choisit-on pour aimer? Dès la première fois
Que je le vis, quelqu'un, j'en conviens, sut me plaire!..
Tenez, je veux avoir une seconde mère,
Et c'est......

Madame DE MIRVAL.

Achevez donc!

JULIE, se rapprochant.

Sitôt que je le voi,
Je ne puis exprimer ce qui se passe en moi!
Jamais aucun plaisir ne m'offrit tant de charmes,
Et mon émotion va presque jusqu'aux larmes!
Ce n'est pas du chagrin!.. C'est... Vous entendez bien!..
A ce trouble charmant je ne comprenais rien;
Mais je me suis bien vite expliqué ce mystère,
Par le désir que j'ai de vous nommer ma mère!....

Madame DE MIRVAL, vivement.

Vrai?

JULIE.

Pouvoir vous donner bientôt un nom si doux,
Serait de tous les biens qu'on doit à son époux,
Celui qui me rendrait le plus reconnaissante?

Madame DE MIRVAL, à part.

A travers ses défauts elle est encor charmante!

2*

JULIE, *à part.*

Charmante! a-t-elle dit. Je lui plais, je le vois!
Comme elle est bonne! Oh ciel!.. On m'appelle, je crois...

Madame DE MIRVAL.

Allez, ma chère enfant.....

JULIE.

Pardon! c'est pour la fête!...

(A part.)

Une fête! un hymen! Oh! j'en perdrai la tête!

(*Elle rentre chez sa mère.*)

SCENE V.

Madame DE MIRVAL, *seule.*

Que de frivolité gâte en elle un bon cœur!
Des devoirs les plus saints méprisant la douceur,
On bannit ses enfans, et d'imprudentes mères
En remettent le soin à des mains mercenaires;
Ils reviennent parés de talens superflus
Que l'on a cultivés aux dépens des vertus!
Que résoudre? Faut-il, par un éclat pénible,
Rompre, et sans balancer porter ce coup terrible
A madame Derbon, à sa fille, à mon fils?
L'un de l'autre je vois combien ils sont épris;
Et déchirer leur cœur! Tout ami franc, sincère,
Pour le fils d'un ami doit être un second père;
Attendons Méricour. Je crois, dès le matin,
L'avoir vu composer, rêver dans le jardin!
Ah! j'y suis!.... Le voilà!....

SCÈNE VI.

Madame DE MIRVAL, MÉRICOUR.

(A part.)

MÉRICOUR, *écrivant sur ses tablettes et sans voir madame de Mirval.*

Peste soit de la rime !
Sur ce maudit couplet vainement je m'escrime !
Je voudrais lui donner un tour original.
Tous ces couplets de fête ont un refrain banal !
C'est le cœur, l'amitié.....

Madame DE MIRVAL, *à part.*

Je gagerais d'avance
Qu'il s'occupe de moi !

MÉRICOUR, *allant vers madame de Mirval, sans la voir.*

Raison, grâce et prudence.....

(L'apercevant et serrant ses tablettes.)

C'est vous !....

Madame DE MIRVAL.

A quel objet rêviez-vous donc ainsi ?

MÉRICOUR.

J'étais préoccupé.

Madame DE MIRVAL.

Moi, je l'étais aussi.

MÉRICOUR, *vivement.*

Vous, madame, et pourquoi ?

Madame DE MIRVAL.

Je viens de voir Julie.
Quel mélange étonnant de grâce, de folie,

Des qualités du cœur, des travers de l'esprit.
Elle intéresse, amuse, indispose, attendrit;
Elle est franche et sensible autant qu'inconséquente!...

MÉRICOUR.

Fort bien! pour ses travers montrez-vous indulgente!

Madame DE MIRVAL.

A des sentimens purs convenez qu'ils sont joints;
Ils ne viennent point d'elle.

MÉRICOUR.

En existent-ils moins?
Et quand ce cœur si bon, qui toujours se refuse
A reconnaître un tort ou lui trouve une excuse;
De ses nombreux défauts, cherchant le bon côté,
Ne les voudrait taxer que de légèreté;
Pourrez-vous excuser l'ardeur immodérée
De plaire et de briller dont elle est dévorée?
Chez sa mère, hier soir, au sein du tourbillon
Je l'ai vue! Elle était maîtresse de maison!
Elle allait, ordonnait!... Mais à tort je la fronde:
C'est ainsi qu'on débute à présent dans le monde.

Madame DE MIRVAL.

Mais la raison un jour!....

MÉRICOUR.

Et comment, s'il vous pla
Pouvez-vous espérer que jamais elle en ait
En vivant dans un cercle où les plus étourdies,
Même des gens sensés sont les plus applaudies;
Où le fat est souvent le plus considéré;
Où le plus ridicule est le plus admiré?
Une mère avec soin dans l'ombre et le silence,
De ses filles, jadis, conservait l'innocence;
Dans le monde, aujourd'hui, dès quinze ans, je les vois
Des femmes usurper le rang, le ton, les droits,
Trop souvent épouser, en cédant à l'usage,

Bien moins pour le mari , que pour le mariage..
A rompre sur-le-champ je n'hésiterais pas.

Madame DE MIRVAL.

Rompre ! Mais , mon ami , jugez mon embarras !

MÉRICOUR.

Lequel ?

Madame DE MIRVAL.

Vous le savez ! Morts dans la même affaire ,
En s'embrassant encor , pour volonté dernière ,
Mon époux et celui de madame Derbon
Nous firent ordonner , par vous-même , en leur nom,
D'unir nos deux enfans aussitôt que leur âge
Permettrait de conclure entre eux ce mariage.

MÉRICOUR.

Je le sais. Mais par-là votre époux n'a voulu
Que le bonheur d'un fils ; Cet hymen résolu
Le fut, lorsque Julie , encore dans l'enfance ,
D'un heureux avenir lui donnait l'espérance.

Madame DE MIRVAL.

L'âge réformera ses penchans, ses erreurs.

MÉRICOUR.

L'âge change les traits sans corriger les cœurs !

Madame DE MIRVAL.

Les soins d'un tendre époux ramènent une femme ;
Il a d'ailleurs le droit d'ordonner.....

MÉRICOUR.

Eh ! madame,
Quand par malheur l'époux n'a pas su bien choisir,
Son droit est d'ordonner, son rôle est d'obéir !
Comme moi vous pensez, et des nœuds que je blâme
Vous sentez les dangers ; mais je lis dans votre ame ,
Vous craignez d'affliger madame de Derbon :
Chez vous c'est l'amitié qui combat la raison !

Madame DE MIRVAL.

Il est vrai, mais enfin je ne puis me défendre
De lui porter encor l'intérêt le plus tendre :
Pour un ami qui prit un sentier différent,
Faut-il donc qu'un ami devienne indifférent?
Je ne la suivis point sur la mer orageuse
Où l'entraîna jadis une amorce trompeuse ;
Mais du cœur et des yeux accompagnant ses pas,
Du bord où je restai je lui tendis les bras
Son âme est noble encor! Je l'ai mise à l'épreuve ;
Peut-être quelque jour en aurez-vous la preuve ;
Et je l'accablerais à regret d'un refus
Qui serait pour ses torts un reproche de plus !

MÉRICOUR.

Le reproche en effet doit retomber sur elle :
Des torts de la copie on s'en prend au modèle !
Quant à ses mœurs, je sais qu'on ne l'attaque en rien ;
Mais négliger sa fille et dissiper son bien !....

Madame DE MIRVAL.

Tenez, laissons cela. Pour célébrer sa mère,
Julie hier chez moi vous a prié de faire
Des couplets.....

MÉRICOUR.

Pour sa mère? Eh! sur quoi la chanter,
Quelles vertus en elle oserais-je vanter ?
Mes principes ici diffèrent peu des vôtres.
J'écris pour ceux que j'aime ; et madame assez d'autres,
Poliment imposteurs, le jour de leur patron,
Viennent offrir aux gens le mensonge en chanson.
L'un traite d'érudit un fat plein d'ignorance ;
L'autre exhalte un faquin bouffi d'impertinence
Dans un lourd compliment pesamment débité ;
Celui-ci d'un fripon chante la probité ;
Ce poète amateur qui tient table excellente
Et fait de méchans vers que chez lui seul on vante,

ans des vers plus méchans que ceux-mêmes qu ii ia..,
Est mis par la sottise au-dessus de Gresset.
Quant à moi, je n'ai point la basse complaisance
Qui fait dire des gens plus de bien qu'on en pense;
La louange est un prix que l'on doit aux vertus;
Qui la prodigue au vice en fait un lâche abus;
Et je veux que mes vers, inspirés par l'estime,
Soient même un jour de fête un tribut légitime.
Aussi, même pour vous je ne mentis jamais!...

Madame DE MIRVAL, *riant.*

Ah! vous ne mentez pas. Vous faisiez des couplets
Tantôt?

MÉRICOUR, *raillant.*

Peut-être bien.

Madame DE MIRVAL, *de même.*

Dites-moi : cette année,
A quel honneur nouveau m'avez-vous destinée?
De l'Olympe avec vous j'ai déjà fait le tour;
Dans vos vers, tous les ans, j'y monte à pareil jour;
Chaque fois qu'il revient, votre amitié fidèle
M'y donne, pour une heure, un brevet d'immortelle;
Votre esprit généreux m'accorde mille appas,
Me prête cent vertus.... et vous ne mentez pas?...

MÉRICOUR.

Ma foi, si je mentis en vous disant charmante,
Trouvez-moi donc ici quelqu'un qui me démente!
Qu'importe qu'on vous nomme ou Minerve ou Junon!
J'ai dit vrai pour le cœur en mentant sur le nom.
Bannissez de mes vers le cortége céleste,
Otez l'allégorie et la vérité reste.

Madame DE MIRVAL.

Eh bien! là, j'y consens, vous ne mentez jamais,
Et ne mentirez plus s'il le faut désormais.
Mais dérogez ce soir à ce beau caractère....
Pour des couplets de fête on n'y regarde guère....

Je le veux!.... et de vous j'exige un autre soin :
Mon fils d'un peu d'argent pourrait avoir besoin ,
Prêter fut jusqu'ici son défaut ordinaire.

MÉRICOUR.

Assez d'autres, madame, ont le défaut contraire.

Mademe DE MIRVAL.

Je dois tout ignorer. Mais , pour mieux me fêter,
Je craindrais que ce soir il n'allât emprunter.
Comme venant de vous offrez-lui cette bourse.

MÉRICOUR, *prenant la bourse.*

Pour le rendre plus sage excellente ressource!
Et plus d'un bon sujet voudrait voir adopter
Ce moyen d'empêcher un fils de s'endetter.

Madame DE MIRVAL.

C'est pour moi que je donne, et vous ne verrez guère
D'autre fils que le mien s'endetter pour sa mère.
Adieu, je vais suspendre un hymen dangereux ;
Mais songez qu'à fêter ici nous sommes deux ;
Je veux les mêmes soins et la même tendresse....

MÉRICOUR.

Pourtant.....

Madame DE MIRVAL, *entrant chez madame Derbon.*

Je vous demande encore une déesse !

SCÈNE VII.

MÉRICOUR, *ensuite* ARMAND.

MÉRICOUR.

Encore une! Eh! bon Dieu, n'est-on pas encor las
De ces vains complimens dont se moquent tout bas

Celui qui les reçoit èt ceux qui les commandent,
Et celui qui les fait et ceux qui les entendent !

ARMAND, *accourant.*

Ah! c'est vous, mon ami, je vous cherche en tous lieux.
Plus que jamais, je crois, je deviens amoureux !

MÉRICOUR, *à part.*

Le moment est bien pris.

ARMAND.

Parlez, je vous supplie,
Oui, parlez à ma mère.

MÉRICOUR.

Allons, quelle folie !
Un Caton comme vous.

ARMAND.

Oui, c'est là le refrain,
C'est ce que disent même et Marton et Frontin.
Je me ris d'un tel blâme, et quant à ma Julie,
Mon ami, passez-moi du moins cette folie,
Je ne suis point Caton jusques à n'aimer pas,
Et ma raison se perd où je vois tant d'appas.

MÉRICOUR.

Elle est coquette !

ARMAND.

Un peu; mais elle est si jolie !

MÉRICOUR.

Légère !

ARMAND.

Oh ! je n'ai rien à craindre avec Julie.

MÉRICOUR.

Eh oui! quand il épouse, il n'est pas un mari
Qui de tous les malheurs ne se croie à l'abri !

ARMAND.

Vous raillez! mais hier une mère indigente

Pour sa fille implorait la pitié bienfaisante
De ma mère ; Julie arrive au même instant,
Part comme un trait, revient l'air satisfait, content,
Ses deux mains pleines d'or, regarde avec mystère,
Et ne me voyant pas, dit : « Prenez, bonne mère,
« C'est mon petit trésor ; surtout n'en dites mot ! »
Elle embrasse l'enfant et s'enfuit aussitôt.
Ah ! peut-on, dites-moi, douter d'un cœur qui donne
Et veut que ses bienfaits ne soient sus de personne ?

MÉRICOUR.

D'accord, mais ses défauts !.....

ARMAND.

Pourront se réformer :
On corrige aisément qui sait bien nous aimer ;
Aux avis de l'amour on n'est jamais rebelle,
Et mes soins la rendront sage autant qu'elle est belle.

SCENE VIII.

ARMAND, MÉRICOUR, JULIE.

JULIE, *en dehors.*

Marton !

MÉRICOUR.

L'entendez-vous ?

JULIE, *en dehors.*

Picard ! Dubois ! Germain !

ARMAND.

C'est la fête aujourd'hui, mais attendez demain !

JULIE, *en entrant, à la cantonade.*

Courez, dévalisez toutes nos bouquetières ;
De tous les jardiniers que l'on vide les serres,
(*Elle s'avance.*)

La maison va paraître un parterre complet.
Pour cinq cents francs de fleurs !

MÉRICOUR.

Oh ciel !

JULIE.

Le prix est fait.

ARMAND.

Y pensez-vous, Julie ?

JULIE.

Affaire de ménage,
Ne vous en mêlez pas !

ARMAND.

Mais d'un esprit plus sage
Il eût fallu....

JULIE.

J'ai là le projet le plus beau ;
Je l'ai trouvé tout fait dans un roman nouveau :
Illumination autour de l'édifice,
Et devant le salon un grand feu d'artifice !

MÉRICOUR.

La maison va brûler si l'on suit votre plan.

JULIE.

Bah ! une bonne fête arrive une fois l'an !
On s'en ira charmé, ravi !...

ARMAND.

De chez ma mère,
Que l'on sorte attendri, c'est là ce que j'espère !

MÉRICOUR.

Bien ! mon ami, fort bien !

ARMAND.

Je n'estimai jamais
Ces fêtes de l'orgueil dont l'or seul fait les frais ;
Je préfère une fête où de touchantes larmes

De la fleur qu'on présente embellissent les charmes;
Où je vois une mère, aux bras de ses enfans,
Recevoir sans témoins leurs doux épanchemens;
Où l'ami qu'on admet est sans folle dépense
Attiré par son cœur plutôt que par la danse;
C'est là qu'un être aimé reçoit de vrais tributs,
Qu'une franche amitié rend hommage aux vertus,
Et que pour un cœur pur, cette heureuse journée
Semble en fait de bonheur la moisson de l'année!

JULIE, *à Armand.*

(*A Mericour.*)

Moraliste!.... A propos, songez à mes couplets;
Je les voudrais charmans et surtout bientôt faits!

MÉRICOUR, *raillant.*

Bientôt faits et charmans! il faudrait être habile
Plus que je ne le suis.

ARMAND.

Rien n'est moins difficile:
N'eût-il dans un tel jour réussi qu'à demi,
Le vrai poète alors c'est le meilleur ami!
C'est donc à vous à l'être!

MÉRICOUR.

Il faut alors m'instruire
De ce que l'un et l'autre à sa mère veut dire.

SCÈNE IX.

LES MÊMES, Madame DE MIRVAL, Madame DERBON, *paraissant sur la porte de l'appartement de madame Derbon.*

ARMAND.

Que tout lui dise j'aime et tout sera bien dit.

MÉRICOUR, *à Julie.*

Et vous ?

JULIE, *étourdiment.*

Dans mes couplets, je veux boucoup d'esprit !
Tachez qu'une roulade y puisse être placée.

MÉRICOUR.

Cela fait plus d'effet souvent qu'une pensée !
(*A Armand.*)
Je vais chercher pour vous un trait de sentiment.
(*A Julie.*)
Pour vous, un trait d'esprit avec un trait de chant !
(*Il s'eloigne, madame de Mirval le retient.*)

ARMAND, *à part.*

Vous m'affligez, Julie, et cette humeur légère....

JULIE, *apercevant madame Derbon.*

Au lieu de me gronder remerciez ma mère !

ARMAND.

Comment?...

JULIE, *sautant de joie.*

On nous marie !

ARMAND

Ah ciel ! qu'ai-je entendu ?

JULIE, *à madame Derbon.*

J'écoutais hier soir; oh ! je n'ai rien perdu.

Madame DERBON.

Quoi !

JULIE.

Tu parlais d'hymen, pouvais-je être discrète?

Madame DERBON, *bas à madame de Mirval.*
Comment la détromper?

Madame DE MIRVAL, *bas.*

Ne troublons point la fète.

ARMAND, *vivement.*

Il est donc vrai, le sort comble deux fois mes vœux;

Je n'avais qu'un mère, à présent j'en ai deux;
L'hymen double les dons que nous fit la nature!

MÉRICOUR, *bas à madame de Mirval.*

Parlez donc, ou je parle!

Madame DE MIRVAL.

Armand, je t'en conjure....

ARMAND.

Pardonnez aux transports d'un fils et d'un amant!

JULIE, *à part.*

Quand un homme extravague, oh! Dieu, qu'il est charm
(*Elle va causer dans le fond avec Armand.*)

Madame DERBON, *à Méricour.*

Vous voyez leur amour!... Ne puis-je dans son ame
Ramener la raison?

MÉRICOUR.

Essayez-le, Madame;

Mais je crains!....

Madame DE MIRVAL.

Par l'exemple et des soins assidus
Nous ne lui laisserons bientôt que des vertus!

Madame DERBON, *avec ame.*

Oui, je l'entreprendrai!

JULIE, *à Armand.*

Le jour du mariage,
C'est décidé, j'aurai le plus bel équipage.
(*A madame Derbon.*)
N'est-il pas vrai, maman?

Madame DERBON.

Ma fille, je le voi,
Tu veux déjà briller!

JULIE, *l'embrassant.*

Oui, maman, comme toi!

Madame DERBON, *à part.*

Ciel!

MÉRICOUR, *à madame de Mirval.*

Ce mot seul dit plus que je n'en pourrais dire !
Vers le bien puisse-t-elle à présent la conduire !

(*Il offre la main à madame de Mirval et l'emmène.*)

Madame DE MIRVAL, *à Armand.*

Venez, mon fils.

JULIE, *bas à Armand.*

Songez aux fleurs !...

SCÈNE X.

Madame DERBON, JULIE.

Madame DERBON.

Cruel enfant !
Tu ne soupçonnes pas quel chagrin, quel tourment
Tu viens de préparer à ta mère ! Ah ! Julie...

JULIE.

Qui peut t'inquiéter ?

Madame DERBON.

Le bonheur de ta vie !

JULIE.

Mais je suis très-heureuse !

Madame DERBON.

Hélas ! tu n'as pour loi
Que l'unique désir....

JULIE.

De plaire comme toi ;
D'être aimable, en un mot, comme tu le conseilles.

SCÈNE XI.

LES MÊMES MARTON.

MARTON

On apporte à l'instant les deux robes pareilles...

3

JULIE.

Pour nous?

MARTON.

Oui.

JULIE, *à madame Derbon.*

C'est charmant! nous serons les deux sœurs!
Toi, tu seras l'aînée....

MARTON.

Oh! tout au plus.

JULIE, *se rapprochant de sa mère.*

D'ailleurs
Nous avons même taille, et quant aux traits, j'espère...

Madame DERBON, *à part.*

Sa sœur, j'aurais mieux fait de me montrer sa mère!

JULIE, *à madame Derbon.*

(*A Marton.*)
Adieu. Viens m'habiller. Oh! comme je plairai.
J'ai pris le bon moyen : je te ressemblerai!

(*Elle sort.*)

MARTON, *s'en allant et revenant.*

J'oubliais ce billet!

Madame DERBON.

De qui donc?

MARTON

Je l'ignore....
Votre toilette est prête.

Madame DERBON.

Un moment!... pas encore!

MARTON, *à part et sortant.*

Négliger la toilette, oh! ciel, heureusement
Chez sa fille ce goût croît à chaque moment!

SCENE XII.

Madame DERBON, *seule*.

Je ne sais, ce billet me trouble et m'inquiète;
J'éprouve au fond du cœur une terreur secrète.
Mes prodigalités ont fait naître un procès
Dont on m'a vainement assuré le succès;
Le droit est contre moi! Mais, ce billet, sans doute,
(Elle ouvre la lettre.)

M'apprendra!... Je le perds! et plus bas on ajoute :
« Si par vos créanciers, ce soir, vingt mille écus,
« Sur les fonds réclamés n'ont pas été reçus,
« On a pour ce jour même obtenu par sentence
« Droit de saisir chez vous jusques à concurrence
« De ce que vous devez!... » Voila donc mon arrêt!
Pour rendre en ce moment mon malheur plus complet,
A mes sages leçons opposant ma conduite,
A rougir de mes torts ma fille m'a réduite!
Et sur le moindre avis qui lui viendra de moi,
Je l'entendrai me dire encor : c'est comme toi!
(Elle s'assied la tête dans ses deux mains, appuyée
sur la table.)

SCÈNE XIII.

Madame DERBON, ARMAND.

ARMAND, *sans voir madame Derbon.*

Ce Frontin ne vient pas! il est tard! le temps presse!
Deux mères à présent réclament ma tendresse.
(Apercevant madame Derbon)

Et mes soins! quel bonheur. Ciel! qu'avez-vous? grands Dieux!

Madame DERBON, *se levant et laissant sa lettre
sur la table.*

Rien, mon ami !

ARMAND.

Je vois des larmes dans vos yeux !
Je cours chercher ma mère !

Madame DERBON.

Armand, je vous supplie !..

ARMAND.

Des larmes au moment où j'obtiens ma Julie !

Madame DERBON, *à part.*

Que dire ?

ARMAND.

De l'hymen je vous dois les douceurs ;
Qui reçut les bienfaits a des droits sur les pleurs.
Partagez avec moi votre douleur amère ;
Par les biens et les maux soyez deux fois ma mère

Madame DERBON.

Sa mère ! Ah ! laissez-moi.... Sortons !

SCÈNE XIV.

ARMAND, *seul.*

Comment savoir
D'où peut naître en son ame un pareil désespoir ?
Que vois-je ? Ce billet va sans doute m'apprendre....
Mais, si c'est un secret, dois-je ainsi le surprendre ?
Non, l'honneur le défend, et pourtant.... Mais jamais
Pour ma mère, dit-elle, elle n'eut de secrets.

(*Il le prend.*)

Portons-lui cet écrit... Son zèle et sa prudence
Régleront sa conduite en cette circonstance !

SCÈNE XV.

ARMAND, Madame DE MIRVAL.

ARMAND.

Ma mère !... Ah ! lisez vîte, et sachez quel malheur
De madame Derbon fait naître la douleur.

Accourez lui prêter votre appui tutélaire.
Je n ai point pénétré le pénible mystère
Que cet écrit contient..... J'avais bien auguré :
Vous vous attendrissez !

Madame DE MIRVAL.

Combien je te devrai !
Pour embellir ce jour, je ne saurais le taire,
Il manquait à mes vœux un peu de bien à faire.
Mais lis aussi, mon fils, juge toi-même, et vois
Où pourrait te conduire un jour un mauvais choix.

(*Elle lui donne la lettre.*)

Sur Julie à présent conçois-tu mes alarmes !

ARMAND.

Eh ! puis-je voir ses torts quand je prévois ses larmes ?
Au lieu de la blâmer, daignez la secourir.

Madame DE MIRVAL.

Oui, mais quelque secours que je leur puisse offrir,
Je te dois compte un jour de ma fortune entière ;
Elle est à toi !....

ARMAND.

Prenez ! c'est pour donner, ma mère !
Lorsque l'on peut servir un ami malheureux,
Prêter c'est s'enrichir, c'est seconder mes vœux ;
Pour moi, c'est un devoir dont votre cœur s'acquitte.

Madame DE MIRVAL.

Digne fils ! Mais on souffre, à l'instant je te quitte !
Soyons lents quelquefois à chercher un plaisir
S'agit-il d obliger, hâtons-nous d'y courir.
A madame Derbon dérobe mon absence ;
De ses maux que personne ici n'ait connaissance ;
Ne sachons ses malheurs que pour les réparer.
Au milieu des écueils elle a pu s'égarer ;
Mais lorsque du péril il se sauva lui-même,
Heureux qui peut encor sauver celui qu'il aime !

(*Elle sort.*)

ARMAND.

J'attends tout de ses soins! Mais Frontin ne vient pas,
Mes amis m'auraient-ils laissé dans l'embarras!
Moi qui comptais sur eux!... Eh bien, Frontin?...

SCÈNE XVI.
ARMAND, FRONTIN.

FRONTIN.

Victoire!

J'arrive d'Israël, couvert d'or et de gloire.

ARMAND.

D'Israël!

FRONTIN.

Eh! monsieur, dans un besoin urgent,
C'est la terre promise..... où nous trouvons l'argent.

ARMAND.

Comment donc! Mes amis n'auraient-ils pu me rendre
Mes fonds?

FRONTIN.

Oui, vos amis! Ils ont le cœur bien tendre;
Ils sont toujours tout prêts quand il faut emprunter!
Mais on ne les voit plus quand il faut s'acquitter!
Je vous l'avais prédit!....

ARMAND.

Pour emprunter ma somme
Tu me devais alors chercher quelqu'honnête homme.

FRONTIN.

Eh! monsieur, aujourd'hui, fût-il même obligeant,
Tout chrétien devient juif dès qu'il s'agit d'argent.

ARMAND.

Je suis sûr qu'il demande un intérêt énorme.

FRONTIN.

Non, monsieur, presque rien, seulement pour la forme.
Si par mon éloquence, il n'eût été vaincu,

Il vous eût, il est vrai, pris deux francs par écu.
Mais j'ai tant bataillé contre ce vieux cerbère,
(C'était un vrai combat de corsaire à corsaire)
Qu'enfin il s'est rendu ! Sur bon nantissement
Fourni par moi, Frontin, à cinquante pour cent,
Pas un denier de plus !.. il m'a compté la somme.
C'était jour de sabbat, et tout juif honnête homme
Vole moins aux bons jours.

ARMAND.

Quoi ! prêter à ce prix !....
Le scélérat !

FRONTIN.

Monsieur, c'est un juif de Paris !
Son argent n'est pas cher !....

ARMAND.

Pas cher ?...

FRONTIN.

Vu l'occurence;
C'est donné ! Oui, monsieur ; grâce à la concurrence
On s'arrache les juifs ! Tel, qu'au doigt l'on fait voir,
S'endetta le matin pour paraître le soir;
L'autre, roule à crédit dans un char qu'on admire;
A la moindre bourgeoise il faut un cachemire !

ARMAND.

Deux et demi par mois est le taux le plus fort,
Auquel, dit-on, un juif puisse prêter.....

FRONTIN.

D'accord !
Mais songez (ce qu'il m'a bien fait valoir, le traître);
Qu'il a pour vous risqué ses fonds sans vous connaître !
Qu'il n'a des sûretés que d'un fort mince aloi ;
Que vous n'avez enfin de répondant que moi !
Par intérêt, d'ailleurs, si l'on emprunte à trente,
On peut bien par amour emprunter à cinquante !
Pour honorer sa mère, en un besoin pressant,
Un fils regarde-t-il à cinquante pour cent ?.....

ARMAND.

Enrichir un fripon !

FRONTIN.

Un ou deux, eh ! qu'importe ?

ARMAND.

Me rendre le fauteur d'une usure aussi forte !

FRONTIN, *effrayé.*

Vou pourriez refuser de prendre cet argent ?

ARMAND.

Eh ! non, je le prendrais plutôt à cent pour cent !

FRONTIN, *à part.*

Ah ! diable ! Ce que c'est que d'être trop honnête !
Maudite probité !

ARMAND.

La somme est-elle prête ?

FRONTIN, *allant vers la table à droite.*

Je vais compter l'argent..... Préparez le billet.

(*A part.*)

J'ai toujours vingt pour cent de bénéfice net !

(*Haut.*)

Billet simple au porteur.

ARMAND.

Et pourquoi cette clause ?

FRONTIN.

Le prêteur veut garder l'anonyme pour cause.

ARMAND, *allant s'asseoir à la table à gauche.*

Il a raison, morbleu. C'est un traître, un brigand.

FRONTIN, *à part, tirant son argent.*

Sur ces injures-là je n'ai que vingt pour cent !

ARMAND, *ecrivant.*

Pour sa mère on peut bien faire un tel sacrifice.

FRONTIN, *de l'autre coté, etalant l'argent sur la table.*

J'aurai sur chaque pièce un petit bénéfice.

SCÈNE XVII.

LES MÊMES, MÉRICOUR.

MÉRICOUR, *allant à Armand.*

Que faites-vous? des vers?

ARMAND.

Non, je fais un billet
Qui porte seulement cinquante d'intérêt !

MÉRICOUR.

Quoi ! mon cher, contracter une dette usuraire !

ARMAND.

Les fonds sont en retard, et pour fêter ma mère
Il fallait cent louis qu'on m'apprête là bas !
J'ai manqué m'adresser à vous.

MÉRICOUR, *lui donnant une bourse.*

Et pourquoi pas ;
Voilà sans intérêt la somme toute entière.

ARMAND.

Ami trop généreux !

MÉRICOUR, *à part.*

De l'argent de sa mère !

ARMAND.

Voulez-vous un écrit ?

MÉRICOUR.

Eh ! pourquoi, s'il vous plaît?

ARMAND, *dechirant son billet.*

Au diable l'usurier , l'usure et le billet.

FRONTIN, *montrant l'argent sur la table.*

A cinquante pour cent, monsieur, voici la somme !

ARMAND, *lui montrant la bourse.*

Et la voilà pour rien. Retourne chez ton homme !
C'est un traître, un coquin ; et l'argent d'un voleur,
Même en faisant le bien m'aurait porté malheur.

(*Il sort.*)

SCÈNE XVIII.
MÉRICOUR, FRONTIN.

FRONTIN, *courant après lui.*

Mais, cet argent.....

MÉRICOUR.

Fripon!

FRONTIN, *se retournant.*

Monsieur!

MÉRICOUR.

Je vais d'avance,

T'en payer l'intérêt.

FRONTIN, *reculant.*

Attendons l'échéance.

MÉRICOUR, *le suivant.*

A cinquante je veux sur ton dos l'escompter!

FRONTIN, *se sauvant.*

A cette usure-là je ne puis me prêter!

MÉRICOUR

Sur cent louis, maraud! voler pareille somme.

FRONTIN, *vivement.*

Je n'en volais pour moi que vingt, foi d'honnête homme,
Ma parole d'honneur!

MÉRICOUR, *sortant.*

Garde tout.....

FRONTIN.

Quel revers!

C'est au lieu de gagner cinq cents francs que je perds...
·Arrive donc, Marton.

SCENE XIX.
FRONTIN, MARTON.

MARTON.

Eh bien, l'agiotage?

FRONTIN.

Mes fonds sont à la baisse et le temps à l'orage.
Mon argent m'est resté ! Si tu pouvais penser
Quel intérêt fâcheux j'ai manqué rembourser !
Tandis qu'à compter l'or ma peine était perdue,
Même somme à mon maître est du ciel descendue ;
Car il n'est que le ciel, dans le temps où l'on est,
Qui nous puisse ici bas prêter sans intérêt.
Ce monsieur Méricour ! Oh ! fatale disgrâce !....

MARTON.

Et mon brillant ?

FRONTIN, *ramassant vivement l'argent.*

                    Il est avec ma montre, en face !....
Chez l'usurier maudit !... Je vais d'un pas actif
Courir, chercher, trouver, mon arabe de juif !
Il faudra morbleu bien qu'il reprenne la somme,
Ou nous verrons beau jeu. C'est fini, je l'assomme,
                    (*A part.*)
Et c'est un juif de moins!... Par bonheur le brillant
M'est resté dans les mains pour dédommagement.
Adieu !

MARTON.

    Tu pars déjà ?

FRONTIN.

        Le temps est cher !

MARTON.

                            Demeure !

FRONTIN.

Je perds à t'écouter un quart pour cent par heure.
Songe que chez les juifs la minute vaut tant.
Déjà l'intérêt court, je reviens à l'instant.
                    (*Il sort.*)

SCÈNE XX.

MARTON, *seule*.

De la fortune ainsi prit-on jamais la route ?
Avant que d'être riche il a fait banqueroute.
Traître ! Avec toi je romps ; ici plus de voleurs ;
Mais pour m'indemniser doublons le prix des fleurs.
   (*Elle tire un papier.*)
        Madame DERBON, *entrant*.
Retirez-vous Marton.
                   (*Marton sort.*)

SCENE XXI.

Madame DERBON, *seule et allant vers l'appartement de madame de Mirval.*

             Que résoudre ? Que faire ?
Irais-je l'implorer ? De quel dieu tutélaire,
De quel parens, hélas ! de quels amis, enfin,
Réclamer aujourd'hui le secours incertain ?
Accueille-t-on encor ceux que le sort accable ?
Ose-t-on demander lorsqu'on se sent coupable ?
Qui viendra soutenir mon courage abattu ?
La pitié des bons cœurs n'est que pour la vertu.
Et quel moment affreux ! C'est quand ma fille apprête
Des vœux pour mon bonheur, des plaisirs pour ma fête ;
C'est quand tous mes amis se viendront présenter,
Qu'un si terrible coup sur moi doit éclater !....
Et souffrir cet affront aux regards de Julie,
Je n'y pourrai survivre !....

SCÈNE XXII.

Madame DERBON, madame DE MIRVAL.

Madame DE MIRVAL, *entrant.*

Eh ! quoi, ma chère amie,
Vous avez des malheurs et vous n'accourez pas
D'un premier mouvement vous jeter dans mes bras ?
A quoi sert l'amitié si ce n'est un partage
De peines et de biens. Heureux autant que sage ,
Celui qui rend service est le plus fortuné !
Le plus cher de mes vœux est enfin couronné:
Je puis vous obliger! En bons billets de banque
J'ai deux tiers de la somme, et pour ce qui s'en manque
Comme un garant certain prenez ces deux contrats !....
Vîte, envoyez payer!....

Madame DERBON.

Qu'entends-je?

Madame DE MIRVAL, *vivement.*

En pareil cas,
Vous eussiez fait pour moi ce que je viens de faire.
Point de remercîmens, embrassons-nous , ma chère,
Si j'ai pu différer, pour le bonheur d'un fils,
Des nœuds que je croyais encor mal assortis ,
Ma tendresse pour vous n'en est pas moins la même;
Je vous prouve à tous deux ainsi que je vous aime
Votre fille, d'ailleurs, pourra se corriger;
Vers le bien , avec vous , je veux la diriger.
Tombant dans l'infortune elle m'en est plus chère,
Et l'amour de mon fils me rend aussi sa mère !

Madame DERBON.

Mais comment m'acquitter ?...

Madame DE MIRVAL.

Dans un autre moment!..
Nous en reparlerons ! Pour ma fête on m'attend !

Un ami malheureux presque toujours s'évite;
Quand le bonheur les fuit à regret je les quitte.
Je reviendrai bientôt; plus de tourmens, d'effroi,
J'ai calmé vos douleurs... Voilà ma fête à moi !

(Elle sort.)

SCENE XXIII.

Madame DERBON, seule.

Modèle de bonté ! Mais courons au plus vîte
D'un créancier avide arrêter la poursuite :
Que dis-je №.. Dans les maux que j'aurais dû souffrir,
Le ciel en ce moment vient lui-même m'offrir
Le moyen assuré de corriger Julie.
Laissons-lui voir le fruit des erreurs de ma vie !
Je rends grâce au destin, je bénis mon malheur,
Si dès ce soir, ma fille, il peut changer ton cœur.
J'ai pu te négliger, mais reconnais ta mère
A l'effort qu'elle fait; mon âme en devient fière,
Et j'éprouve déjà que le poids des remords
S'adoucit dès qu'on pense à réparer ses torts.
La voilà !....

(Elle serre les billets.)

SCÈNE XXIV.

Madame DERBON, MARTON, JULIE.

<small>JULIE</small>, achevant de s'habiller et allant en courant
vers une glace.

Suis-moi donc, ma glace est trop obscure !

<small>MARTON</small>, la suivant en attachant sa ceinture.
Vous allez tout briser, l'agraffe, la ceinture !

JULIE.

On se voit mieux, te dis-je, aux glaces du salon !

(*Elle saute de joie.*)

Ici ! non, celle-là..... Je suis charmante..... Bon !
Tu me piques, va-t-en !

(*Marton sort. A madame Derbon.*)

Tu n'es pas encore prête ?
Tu n'auras pas le temps ! songe que c'est ta fête.....
Tes amis vont venir t'exprimer leur amour.....
Mais va donc t'habiller !

Madame DERBON.

Ma fille, en un tel jour,

La parure qui doit honorer une mère,
C'est une fille sage, et dont le caractère
Modeste et réservé, répondant à ses soins !....

JULIE.

Mais aux tiens je réponds ; chacun le dit au moins.
Vois comme je suis bien. Oh ! tu seras contente ;
Ce soir je veux sur moi que l'on te complimente !

Madame DERBON.

Ce soir !

JULIE, *en confidence.*

Tu ne sais pas ce qu'on prépare ici.
Tu seras bien surprise !

Madame DERBON.

Et toi, ma fille, aussi !....

JULIE.

Mais pourquoi ce chagrin ? Quel motif te l'inspire ?
Si tu perds ta gaîté, je ne pourrai plus rire.
On ne vient pas..... J'attends pourtant tous tes amis,
Ceux qui sont tous les jours à tes plaisirs admis.
Peut-être a-t on fermé ta porte !

Madame DERBON.

Non, ma chère,

Tout le monde entrera !

JULIE.

L'on ne s'empresse guère.

Madame DERBON, *à part.*

Ils ont su mon malheur !

JULIE.

Enfin, voici quelqu'un.

UN VALET, *annonçant.*

Entrez, monsieur.

SCENE XXV.

LES MÊMES, BIENVENU, DOMESTIQUES.

(*Les domestiques apportent des corbeilles de fleurs
et sortent.*)

BIENVENU, *à part.*

Pour moi l'accueil est peu commun:
J'entre au milieu des fleurs.

JULIE, *à madame Derbon.*

Dis-moi, je t'en conjure !
Quel est cet ami-là ? Jamais il ne figure
Dans tes cercles.....

BIENVENU.

Pardon ! si j'en crois ces bouquets,
De quelque fête ici l'on forme les apprêts ?

JULIE.

Oui, monsieur.

BIENVENU, *à part.*

On dirait une maison de banque ;
Fort souvent on y danse au moment où l'on manque !

JULIE.

Que dit-il donc tout seul ?

BIENVENU.

Madame, le moment
Peut-être est mal choisi pour un tel compliment:

JULIE.

Un compliment! c'est clair, monsieur vient pour la fête?

(*Elle va chercher un bouquet dans une corbeille.*)

Prenez donc ce bouquet.

BIENVENU.

Vous êtes trop honnête.

(*A part.*)

On fleurit les huissiers dans cette maison-ci :

C'est la première fois que l'on exploite ainsi.

(*Il met le bouquet à son côté.*)

JULIE.

Eh bien, que fait-il donc?

BIENVENU.

Madame est en famille,

Et je crains.....

JULIE.

Pourquoi donc?

Madame DERBON.

Parlez devant ma fille?

BIENVENU, *tirant l'exploit de sa poche.*

Voilà certain papier!

JULIE, *à part.*

Bon! ce sont des couplets.

BIENVENU.

Je vais lire?

JULIE.

Monsieur ne chante pas?

BIENVENU.

Jamais!

JULIE, *s'dvançant pour prendre l'exploit.*

Souffrez donc!....

BIENVENU, *le lui donnant.*

Jamais voix plus douce, je vous jure

N'aura d'un tel écrit embelli la lecture !

Madame DERBON.

Lis, ma fille.

JULIE, *déployant l'exploit.*

Comment ! c'est sur papier timbré ?

BIENVENU.

Rien n'y manque, de plus il est enregistré.

JULIE.

Que vois-je ?....

BIENVENU.

C'est l'exploit par lequel on vous somme...

JULIE, *à madame Derbon.*

Ciel !.. Et moi qui croyais monsieur un honnête homme !

BIENVENU.

Je m'aperçois qu'ici je ne suis pas connu.
J'ai l'honneur d'être huissier ; j'ai pour nom Bienvenu,
Renommé dans le greffe ; à des agens vulgaires,
J'abandonne le soin des exploits ordinaires ;
Mais on sait ce qu'on doit aux personnes, aux rangs !
Et c'est moi qui saisit chez les honnêtes gens.....

JULIE.

Que veut dire ceci ?

BIENVENU.

Qu'il faut payer sur l'heure
Vingt mille écus comptant, ou dans cette demeure....
Je vais.....

JULIE.

Maman, monsieur se trompe assurément !

Madame DERBON.

Non !

JULIE.

Pendant une fête !

BIENVENU.

Eh ! les fêtes, vraiment,
Ont en bien d'autres lieux attiré ma présence ;
Et devant maint hôtel ou trop souvent l'on danse,
Quand je passe parfois, je dis : j'aurai mon tour,
Et sans être invité j'irai là quelque jour...

Je vais rapidement dresser un inventaire.
Et.....

Madame DERBON, *appelant.*

Marton!...

(*Marton paraît.*)
Conduisez!...

MARTON, *à part.*
Quel est donc ce mystère ?

BIENVENU.

J'aurai sans nul éclat terminé tout bientôt.
J'ai toujours des égards pour les gens comme il faut.

(Il entre avec Marton, à laquelle madame Derbon fait signe de le suivre.)

SCENE XXVI.

Madame DERBON, JULIE.

JULIE.

Qu'ai-je appris ?

Madame DERBON, *avec dignité et fermeté, en ob-
servant Julie.*

Il est temps qu'enfin tu sois instruite
Des causes du malheur où tu me vois réduite
J'ai brillé !.... j'ai cédé jadis à des penchans
Qu'ainsi que toi d'abord je croyais innocens.
Vois-en le prix !.... Ta dot cependant reste intacte,
A m'imiter en tout maintenant sois exacte ;
Et réduite à l'état affreux où tu me vois,
Tu reviendras me dire alors: *c'est comme toi !*

JULIE, *se jetant dans les bras de sa mère.*
Ma dot ! elle est intacte ! Ah ! prends-là, prends ma mère,
C'est en te la donnant qu'elle me devient chère ;
Et si nous perdons tout dans ce moment d'effroi,
Je serai riche encor de ton amour pour moi !

Madame BERBON, *avec émotion et mettant la*
main sur les billets,

(A part.)

Ah! ma fille! Attendons....

SCÈNE XXVII.

LES MÊMES, ARMAND.

ARMAND, *vivement.*

Ah! madame, ah! Julie,
Venez donc! quel tableau pour mon ame attendrie!
Ma mère est au milieu de ses nombreux amis,
Sans qu'on les ait mandés tous se sont réunis
Pour lui rendre à la fois l'hommage le plus tendre.'
Quel accord enchanteur! il fallait les entendre:
Même besoin d'aimer, même esprit, mêmes vœux;
Amour dans tous les cœurs et pleurs dans tous les yeux.
Voilà de ses vertus la juste récompense!

Madame DERBON, *vivement*

Ah! ma fille, compare et vois la différence!

ARMAND.

La voilà!

(Il va au-devant d'elle.)

SCÈNE XXVIII.

LES MÊMES, Madame DE MIRVAL, MÉRICOUR.

Madame DE MIRVAL.

Je succombe à mon émotion;
J'en garderai long-temps la douce impression.

MÉRICOUR.

Ces larmes font du bien !

Madame DE MIRVAL.

Mon fils ! ah ! mon amie !
Vous manquiez à l'instant le plus beau de ma vie ;
J'en voulais avec vous partager la douceur !
Mon fils ! ah ! mon cher fils, viens encor sur mon cœur.

SCÈNE XXIX.

LES MÊMES, BIENVENU, *sortant de l'appartement de madame Derbon,*

ARMAND.

Que veut cet homme-là ?

BIENVENU.

J'ai fini l'inventaire.
Il ne faut qu'emporter suivant l'us ordinaire !

ARMAND, *s'élançant.*

C'est un huissier, je crois ? Traître ! sortez d'ici !

Madame DERBON, *retenant Armand.*

Non, laissez-nous, Armand, juger ce tableau-ci !
(*A Julie.*)
Quel exemple frappant le ciel ici t'envoie :
Mes pleurs sont de regret,
(*Montrant madame de Mirval.*)
Ses larmes sont de joie !...

JULIE.

Sur mes torts désormais tu n'en verseras plus !

Madame DERBON.

Ce n'est pas tout, vos nœuds sont à jamais rompus.

ARMAND.

Qui, moi ? l'abandonner quand elle est malheureuse !

JULIE.

Ah!... La perte des biens n'est pas la plus affreuse...

BIENVENU.

J'observe que j'attends et vais avoir l'honneur,
Si vous ne payez pas.... Vous devez....

Madame DERBON.

Eh ! monsieur,
Je vous dois plus encor que vous ne pouvez croire.

BIENVENU.

Est-il quelque autre somme oubliée au mémoire?
Ecrivons ?

Madame DERBON.

Non, monsieur; de ce que je vous doi,
Je ne vous serai point comptable par la loi.
Saisissez tout pour prix de la dette exigée.

BIENVENU.

C'est fait.

Madame DERBON.

Je gagne assez, ma fille est corrigée.
(*A madame de Mirval en lui rendant ses billets.*)
Prenez, de vos bontés l'emploi que j'aurais fait
N'eût pas valu pour moi ce salutaire effet !

Madame DE MIRVAL.

Quoi! vous avez souffert ?....

Madame DERBON, *en montrant Julie.*

Ses pleurs sont mon salaire.

Madame DE MIRVAL.

Je reconnais bien là tout le cœur d'une mère:
Ayant pu l'éviter supporter cet affront.

JULIE, *se jetant dans les bras de madame Derbon.*

Ah! ma mère....

Madame DE MIRVAL, *à Bienvenu.*

Monsieur, ces billets répondront.

JULIE, *à madame Derbon.*

Non, prends ma dot!

MÉRICOUR, *prenant les billets des mains de madame de Mirval.*

Prenez! oui, prenez-les, madame.

Madame DE MIRVAL.

Acceptez; c'est Armand qui les offre à sa femme!

JULIE, *à Armand.*

Ciel!

MÉRICOUR.

Oui! de cet hymen elle est digne à présent!
(*A Bienvenu.*)

Tenez, monsieur l'huissier, emportez votre argent.

BIENVENU.

De l'inventaire alors je puis vous faire hommage.

MÉRICOUR, *le poussant dehors.*

Sors!

BIENVENU *se retournant.*

Cela peut servir lorsque l'on déménage.

SCÈNE XXX et dernière.

LES MÊMES, excepté BIENVENU.

JULIE, *à madame de Mirval.*

Ma mère!

Madame DE MIRVAL, *lui tendant les bras.*
Viens, ma fille, une telle leçon
Ne peut rester sans fruit lorsque le cœur est bon.
Dans mes bras, mes enfans, oubliez vos alarmes.

JULIE, *baisant les mains de madame de Mirval.*
Oh! bientôt le bonheur aura séché nos larmes.

Madame D E R B O N, *à Julie.*

Ma fille, rendons grâce à son cœur généreux.

M É R I C O U R, *à Julie.*

Vous, pour un dévouement si beau, si courageux,
Que la reconnaissance à jamais vous anime.

(*A madame Derbon.*)

A qui vous méconnut vous commandez l'estime.

Madame D E R B O N.

Tous mes vœux sont comblés!

(*A Julie.*)

Désormais, puisses-tu
Ne chercher le bonheur qu'au sein de la vertu!
Dans l'âge des plaisirs, des frivoles conquêtes,
Vois toujours l'avenir et pense à nos deux fêtes.

F I N.